¡Hola, ovejas!

MARAVILLAS ANIMALES 52

LAS OVEJAS

QUINN M. ARNOLD

CREATIVE EDUCATION | CREATIVE PAPERBACKS

¿QUIÉN NECESITA UNA CHAQUETA CUANDO TIENES LANA?

tabla de contenido

Publicado por Creative Education y Creative Paperbacks
P.O. Box 227, Mankato, Minnesota 56002
Creative Education y Creative Paperbacks
son sellos editoriales de The Creative Company
www.thecreativecompany.us

Diseño de Wyeth Morgan
Dirección artística de Blue Design (www.bluedes.com)

Imágenes de flickr/Biodiversity Heritage Library, portada (centro); Getty Images/Alan Thornton, 8–9, Christy Majors, 14–15, Martin Harvey, 10–11, Richard Bailey, 24; Pexels/Michael King, 4, Pixabay, 2, 18–19, Süleyman Şahan, 6–7, Trinity Kubassek, 1; Unsplash/Benjamin Sander Bergum, portada (derecha), Bill Fairs, 23, Christopher Burns, portada (izquierda), Jasper Garratt, 16, Lars Van Poucke, 13, Sandra-Beatrice Molnar, 17; Wikimedia Commons/Jakub Halun, 3, 20–21

Library of Congress Cataloging-in-Publication Data
Names: Arnold, Quinn M. author
Title: Las ovejas / Quinn M. Arnold.
Other titles: Sheep. Spanish
Description: Mankato, Minnesota : Creative Education/Creative Paperbacks, [2026] | Series: Maravillas | Includes translation or is translation | Includes index. | Audience term: juvenile | Audience: Ages 4–7 Creative Education and Creative Paperbacks | Audience: Grades K–1 Creative Education and Creative Paperbacks | Summary: "An introduction to sheep, this beginning reader features eye-catching photographs, humorous captions, and basic life science facts about these playful, wooly herbivores. This Spanish text includes a labeled image guide, glossary, and index"– Provided by publisher.
Identifiers: LCCN 2024053402 (print) | LCCN 2024053403 (ebook) | ISBN 9798889898702 library binding | ISBN 9781682779101 paperback | ISBN 9798889899495 ebook
Subjects: LCSH: Sheep–Juvenile literature
Classification: LCC SF375.2 .A6418 2026 (print) | LCC SF375.2 (ebook) | DDC 636.3–dc23/eng/20250210

Impreso en la India

Muchas ovejas viven en granjas. En algunas hay pocas ovejas. En otras, hay grandes **rebaños**.

¿QUÉ ESTÁN
MIRANDO TODOS?

El vellón de una oveja es lana. Puede ser blanco, gris, negro o marrón. Se corta cada primavera para ayudar a las ovejas a mantenerse frescas.

Las ovejas tienen un oído y una vista excelentes. Sus grandes orejas se orientan hacia los sonidos.

Las pupilas rectangulares ayudan a las ovejas a ver.

LAS OVEJAS VEN BIEN EN LA OSCURIDAD.

Las ovejas pastan en los campos. Comen hierba y plantas de hoja. Algunos agricultores alimentan a las ovejas con heno o cereales.

¡OJALÁ FUERA UN POCO MÁS ALTA!

LAS OVEJAS TIENEN DE 1 A 3 CORDEROS CADA AÑ

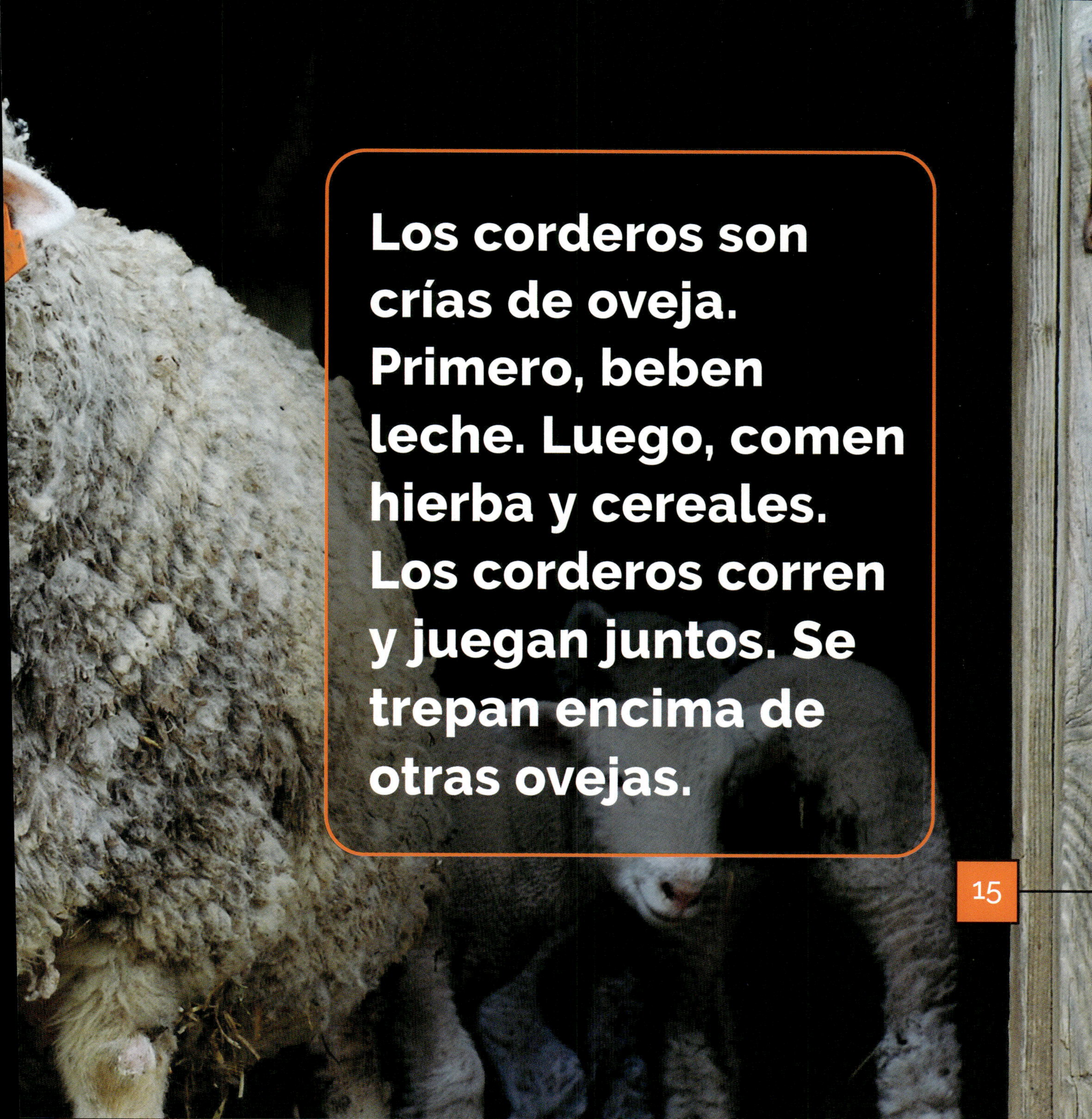

Los corderos son crías de oveja. Primero, beben leche. Luego, comen hierba y cereales. Los corderos corren y juegan juntos. Se trepan encima de otras ovejas.

Las ovejas comen y duermen la siesta. Los perros pastores ayudan a mantener a salvo el rebaño.

NO PONGAS ESA CARA DE OVEJA.

¡Adiós, ovejas!

[Imagina una oveja]

OREJA
OJO
NARIZ
DIENTES

PALABRAS QUE DEBES CONOCER

pastar: alimentarse de hierba en un espacio abierto

pupila: parte central del ojo que permite la entrada de la luz, lo que posibilita la visión

rebaño: grupo de ovejas que se mantienen juntas

vellón: pelaje lanoso de una oveja; las personas usan la lana para hacer ropa y mantas

ÍNDICE ALFABÉTICO